꽃마당
詩마당

꽃씨 바람에 날리면
그 바람에 올라타고…

꽃마당 詩마당

朝天에 사는 朝川 김형태

좋은땅

추천사

일 돌체 파 니인테(il dolce far niente)

에밀 타케 식물연구소 대표
문학박사 정홍규 신부

2025년 입춘 지난 정월 대보름에 내리는 눈송이들은 우리에게 공개공지 하듯 이렇게 말을 걸었습니다. "잠깐 느긋하게 나에게 머물러 봐." 바로 이날 따끈따끈한 시 꾸러미를 받았습니다.

일요일 아침
꼭 교회에 가야
하느님을 만날 수 있다면

가면 될 일입니다

다른 좋은 날
꼭 절에 가야
부처를 만날 수 있다면

가면 될 일입니다

> 오늘 아침 앞마당
> 꽃들 사이에서 하느님이 손짓하면
> 꽃들 사이에서 부처가 웃고 있으면
>
> 그냥
> 그 마당에 앉아 놀면 될 일입니다
> -「앞마당」

    내가 거주하는 도시의 아파트는 효용과 실용, 소용과 유용으로 빠진 자본주의, 모둠 집 아파트 광기의 루틴에 눈 내리는 아침은 무위의 평화와 포용의 여유를 허락합니다.
    나의 영혼과 뇌가 눈 오는 자연과 하나로 조율됩니다. 그 마침 눈송이 같은 두툼한 시 꾸러미를 열어 보니, 느긋하게 머물러 멍 때리며 나도 모처럼 그 순간에 머물게 됩니다.
    동무의 착한 시는 그 순간 멈추게 하고 비로소 그 공간에 소속감과 자유를 누리게 됩니다.
    "그냥 그 마당에 앉아 놀면 될 일입니다." 이태리 말에 이런 말이 있습니다. il dolce far niente. 일 돌체 파 니엔테, 즉 아무것도 하지 않을 때 달콤함이 나온다.
    논다는 것은 그냥 마당에 앉아 느긋하게 머무는 것입니다. 사실 여기 아파트의 질적 수준은 얼마나 많은 사람이 오래도록 바깥마당 공간에 머무느냐에 달린 것입니다.

  도시는 모든 것을 상품 가치나 교환 가치로 매기다 보니 빈 마당이 없습니다. 한라산 선흘에서 마당을 누리는 생태평화가 부럽습니다. 꽃마당, 시마당, 꽃시마당은 미래의 노아방주이며 다음 세대의 살림인데 기후 붕괴로 인해서 마당이 지속될까 안 될까 꽃들이 조마조마합니다.

  그 어느 시집에서보다도 세 번째 시집에서 마당에 거주하는 마가렛, 억새, 병꽃, 금계국, 아마릴리스, 분꽃, 수국, 참나리 등을 호출합니다. 시 「주체와 객체」에서는,

>착각했다
>내가 주체인 줄
>
>객체라 여겼던 별들을
>내 주체 안으로 끌어들여 밝히려 했다
>객체라 여겼던 바람을
>내 주체 안에 끌어들여 불게 했다
>객체라 여겼던 꽃들의 피고 짐을
>내 주체 안에 끌어들여 눈물을 찔끔거렸다
>
>정신 차린 이제
>객체인 내가 주체인 이들에게

> 겸허히 다가갈 때다
> 내가 詩를 노래하는 것이 아니라
> 詩가 나를 노래하고 있었던 것이다
> - 「주체와 객체」

"내가 詩를 노래하는 것이 아니라 詩가 나를 노래하고 있었던 것이다." 시가 나를 노래하도록 그 자신의 마음의 감시 카메라를 떼고 자신의 껍질을 터뜨려 주객의 대상화에서 탈주하려 합니다. 경주 사람이 삼별초, 이재수의 난, 4.3 사건을 대상화하는 시 「퐁낭」은 메아 꿀빠가 아니라 용서와 사랑이 치유라고 말하고 싶어 합니다.

시 「MEA CULPA!」는 가톨릭 미사 때마다 가슴을 치면서 고백의 기도를 바칩니다. '70년의 착각과 욕심, 마당에서부터 내 큰 탓이로소이다.'

> 이제
> 무서울 것이 없어야 할 터인데
> 새로운 두려움이 하나 생겼습니다
>
> 내 詩가 던져지고 난 다음에
> 어떤 연유로 나를 다스리지 못해
> 내 詩가 거짓이 되어 버리고서는
> 삐죽 솟은 내 마음에 내가 다치고 나서는

돌아서

혼자 주먹으로 가슴을 칩니다

MEA CULPA!

MEA CULPA!

MEA MAXIMA CULPA!!

-「MEA CULPA!」

  각 시의 마지막 부분이 늘 강요하는 듯한 무거움은 시인 자신의 트라우마를 헤집는 고백성사를 시에게 보다 보니 시의 충분한 존재감이 느껴지지 않는 이유라고도 생각해 봅니다. 우아하고 맑은 시는 '충분한 존재감'-난 이대로가 좋아-이 느껴지는 시라고 저는 봅니다. 그래야만 대상화에서 해방되어 맑은 시를 출산하는 어머니를 기다리고 있을지도 모릅니다. 천주교 부활 성야의 찬가에서 "오, 행복한 탓이여(FELICE CULPA)" 의미가 아닐까요? 뭐 잡초 속에 약이 있듯이. 작가 한강은 이렇게 표현합니다. 현재가 과거를 돕는다고. "시인은 그렇게 할 수 있을까요?"라고 물어보고 싶어집니다.

  10년이 지나면 강산이 변한다고 합니다만 강산은 개발로 인해서 하도 빨리 변해서 사람의 마음도 휙휙 바뀌는 것 같습니다. 경주 산내 태생인 형태 시인이 제주도에 한

10년 살았다고 변할 것 같습니까? 사람과 강산은 잘 안 변합니다. 그러나 동무의 시는 여전히 땅 밑물처럼 경주 사람입니다. 시의 끝자락이 비틀리거나 까칠합니다. 그리고 무엇을 주려고, 남기려고, 의미를 주려고 꽃·시마당이 이분화되어 시가 도덕적으로 엉깁니다. 시는 울리고 툭툭 치고 그냥 놀이입니다. 일 돌체 파 니인테!

    마당에 내려서면서
    햇볕 쨍한 날은 큰 모자 쓰고
    부슬부슬 비 내리면 그냥 맞습니다

    좋은 마음만 생기면 좋으련만
    못된 마음도 쉼 없이 오르듯
    꽃만 피어오르면 좋으련만
    고약한 잡풀도 같이 자랍니다

    두 눈 속에 피어오른 낮달맞이
    그 옆에 자란 이기심 뽑아냅니다
    가슴에서 피고 있는 애기범부채
    그 옆에 자란 욕심은 뽑아냅니다
    긴 꽃대 끝에 매달린 원추리
    그 옆에 자란 시기심 뽑아냅니다

    칠월 선흘 마당에는

꽃도 피고 詩도 피어오릅니다
-「꽃마당 詩마당」

　예수님은 밀밭에 가라지와 밀을 그냥 놔두라고 우리를 깨우칩니다. 서양 의학에서는 몸 안에 극히 일부분인 암세포를 적이라고 대상화하고 죽이려고 합니다. 사실 암세포는 나의 업이며 동무이고 원수이기도 하지만 원수를 사랑하라고! 그러면 치유된다고.
　마음 마당에는 선악이 한 지붕 밑에 삽니다. 누구나 무의식에 잠재된 그늘도 '하얀 그늘'이니 그냥 같이 살고 놀고 회심하고 놀다 보면 우리 인생도 저절로 피어오릅니다.

시집을 내며

"꽃마당 詩마당"

나의 세 번째 시집 제목은 시를 미처 다 쓰기도 전에 정해졌습니다.

제주 조천 선흘리 집에는 백이십 평쯤 되는, 크지는 않지만 그렇다고 작다고도 할 수 없는 낮은 돌담으로 둘러쳐진 앞마당과 뒷마당이 있습니다.

다른 욕심들은 대충 내려놓았지만 꽃 욕심만은 버릴 수 없어, 앞마당에 맨 먼저 붉은 벽돌과 잔디로 "LIFE IS JUST A DREAM"을 새기고 나머지 공간은 빼꼼한 데만 보이면 닥치는 대로 꽃들을 심었습니다. 덕분에 선흘 마당은 일 년 내내 꽃들이 피어납니다. 이 꽃마당에서 詩도 같이 피어납니다.

경주고등학교 동기 친구 중에 '오장수'라는 절친이 있습니다. 서울대 공대 화공과를 나오고 'LG 그룹'의 'LG 하우징' 사장으로 은퇴한 친구인데, 이 친구가 『들꽃 편지』라는 수필집에 맛깔 나는 글을 쓰고 있습니다.

이 친구가 어느 날 "야! 너그 집 마당은 꽃마당 詩마당이구나". 그때 시집 제목이 정해진 것입니다.

나는 이 마당에서, 내가 직접 나무로 만들어 세운 선흘문과 선흘교와 선흘그네가 흔들거리는 이 꽃마당에서 詩들을 캐어 내고 있습니다.

1, 2집에 이어 세 번째 시집에도 추천사를 써 준 나의 둘도 없는 불알친구 정홍규 신부님에게도 감사드리며 나의 세 번째 마당 『꽃마당 詩마당』에 여러분을 초대합니다.

목차

추천사 4

시집을 내며 11

꽃마당

꽃마당 詩마당 16 / 앞마당 17 / 꽃으로 피어오릅니다 18 / 꽃물들이기 20 / 꽃이 곧 당신 22 / 소나기와 꽃들 23 / 뚝! 24 / 부용화 8월 25 / 껍질 터짐 26 / 마른 억새 27 / 퐁낭 28 / 참나리꽃 30 / 억새 32 / 수국 33 / 아마릴리스 34 / 송의마(노랑 창포) 36 / 삼색병꽃 37 / 분꽃 38 / 망종화(금사매) 40 / 마가렛 41 / 금계국 42

詩마당

앞마당:

지금 내가 45 / 세 사람 46 / 서예 48 / 수수께끼 그 첫 번째 49 / 수수께끼 그 두 번째 50 / 수수께끼 그 세 번째 51 / 수수께끼 그 네 번째 52 / 수수께끼 그 다섯 번째 53 / 순환 54 / 괜한 걱정 57 / 저절로 58 / 본능과 이성 59 / 울림 60 / 무선 노트 61 / 말하기와 듣기 62 / 연필 63 / 있는 그대로 64 / 아픔만이 아니다 67 / 내버려둠 68 / 고통 69 / 별거 아니다 70

뒷마당:

겨울비 73 / 고추잠자리 74 / 극제비갈매기와 어머니 75 / 흑꼬리도요 76 / 바다가 나에게 78 / 내가 바다에게 80 / 바다 한 잔 82 / 우리 아버지들의 약속 83 / 별 여행 예약 84 / 사나운 바람 착한 바람 86 / 숲이 곧 詩 88 / 섞이고 싶은 밤 89 / 고양이 눈 속에 들어간 우주 90 / 그림자 마음 92 / 이야기책 94 / 당신인 줄 알았습니다 95 / 무게 96 / 밀려감 97 / 부질없는 생각 98 / 비밀 창고 99 / 여과지 100

텃밭:

선물 103 / 안 되겠습니까? 104 / 악덕 중매인 105 / 열리지 않는 문 106 / 엉뚱한 붙잡음 108 / 원칙과 융통 109 / 이게 어디 예사로운 일인가? 110 / 인디언의 이름 112 / 위엄 114 / 주체와 객체 115 / 철학과 선학 116 / 칠십 년의 착각 117 / 푸딩이 118 / 행복 상자 120 / 별사탕과 솜사탕 121 / 돌아올 나 122 / 죽음이란 124 / 기다림 125 / 오늘 알았습니다 126 / 하얀 사선 128 / MEA CULPA! 129

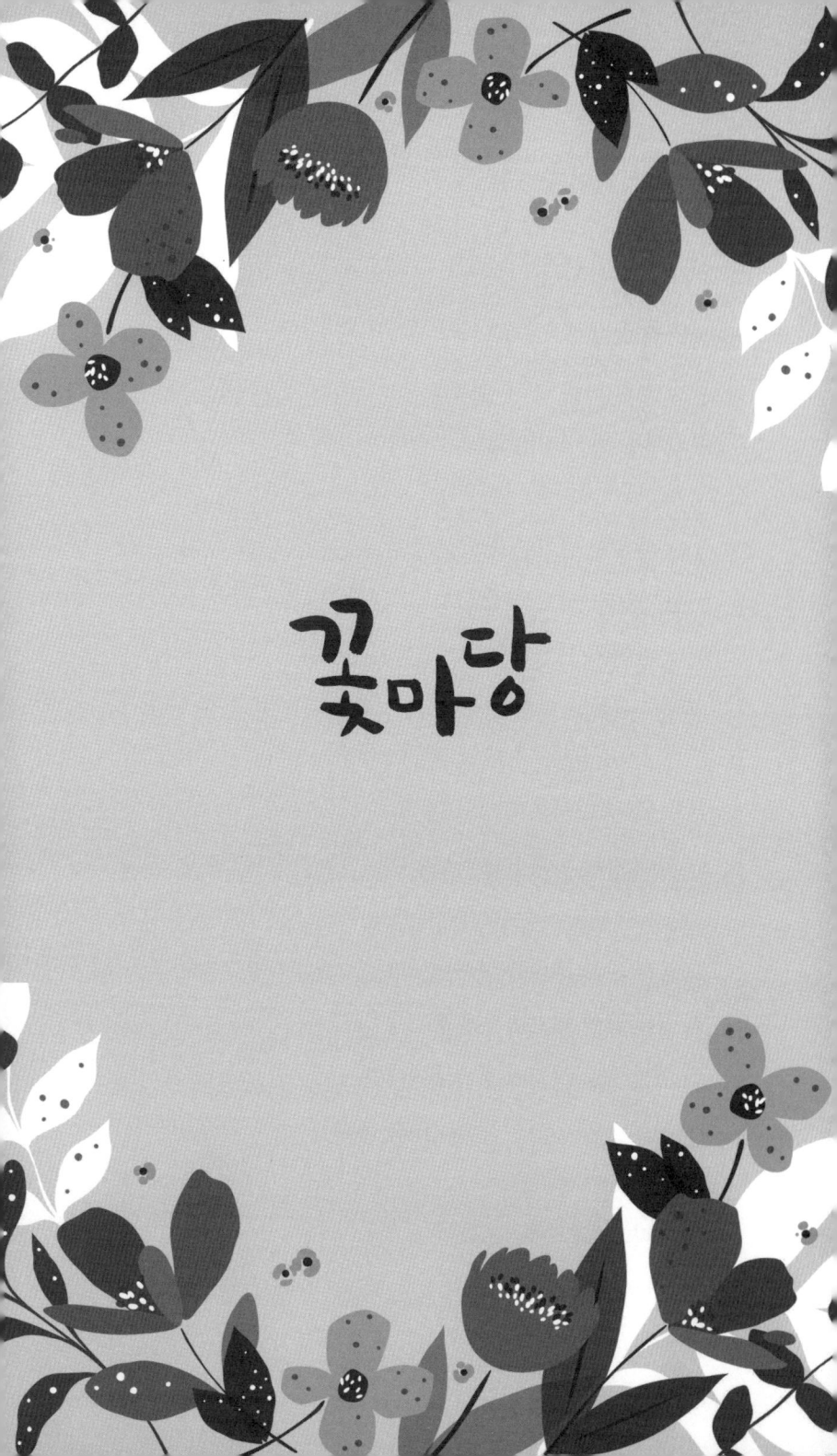
꽃마당

꽃마당 詩마당

마당에 내려서면서
햇볕 쨍한 날은 큰 모자 쓰고
부슬부슬 비 내리면 그냥 맞습니다

좋은 마음만 생기면 좋으련만
못된 마음도 쉼 없이 오르듯
꽃만 피어오르면 좋으련만
고약한 잡풀도 같이 자랍니다

두 눈 속에 피어오른 낮달맞이
그 옆에 자란 이기심 뽑아냅니다
가슴에서 피고 있는 애기범부채
그 옆에 자란 욕심은 뽑아냅니다
긴 꽃대 끝에 매달린 원추리
그 옆에 자란 시기심 뽑아냅니다

칠월 선흘 마당에는
꽃도 피고 詩도 피어오릅니다

앞마당

일요일 아침
꼭 교회에 가야
하느님을 만날 수 있다면

가면 될 일입니다

다른 좋은 날
꼭 절에 가야
부처를 만날 수 있다면

가면 될 일입니다

오늘 아침 앞마당
꽃들 사이에서 하느님이 손짓하면
꽃들 사이에서 부처가 웃고 있으면

그냥
그 마당에 앉아 놀면 될 일입니다

꽃으로 피어오릅니다

꽃이 바람에 흔들리면
온 우주도 흔들립니다

꽃이 비를 맞고 있으면
온 우주도 축축하게 젖습니다

꽃이 떨어져 바다에 구르면
온 우주도 굴러 정신이 아득합니다

꽃씨 바람에 날리면
그 바람에 올라타고
정해지지 않은 곳으로 여행을 떠납니다

마당에 내려서
가만히 서 있으면
어느덧 꺾꽂이 되어
발바닥에서 뿌리내립니다

나는
이렇게 꽃으로 피어오릅니다
어떤 꽃으로 피어난들 무슨 상관이겠습니까

꽃물 들이기

마당이
온통 꽃으로 덮였습니다

언뜻
엉뚱한 생각

저 꽃마당에
넘어지면 어찌 될꼬

앞으로 넘어져
가슴으로 눌러 꽃물 들면
꽃가슴

뒤로 넘어져
엉덩방아 찧어 꽃물 들면
꽃엉덩이

오늘 아침
온통 꽃물 들었습니다

꽃이 곧 당신

꽃을
눈으로만 쳐다보았다면
당신은 아무것도 본 것이 아닙니다

꽃은
눈을 감고 쳐다보아야 하고
귀는 최대한 가까이 가져가
무슨 이야기를 하는지 들어 보아야 합니다
마음은 무한정 열어
당신이 꽃이 될 때까지 열어야 합니다

꽃이
곧 당신입니다
당신이
곧 꽃입니다

소나기와 꽃들

억울함이 많았던
어느 영혼의 울부짖음이
우르릉 천둥 되어
하늘로 굴러 멀어지는 사이
소나기는 무섭게 퍼부었습니다

늦게 핀 능소화도
수백 송이 노란 코스모스도
그들 사이 여왕처럼 홀로 핀 흰 백합도
사납게 퍼붓는 소나기를
고스란히 맞고 있었습니다

저 꽃들이 소나기에 맞설 때
나는 천둥소리에 괜히 쫄려 창 뒤에 숨었습니다
그사이 나비와 새들도 다 어디로 숨었는지?

뚝!

빗소리와 섞인 바람 소리
처마 끝에 떨어지는 물소리
그리고 내 숨소리

오늘 아침
숲속에 들리는 소리는 이게 다

아, 지금 막
동백 하나 떨어지는 소리
뚝!

부용화 8월

사계절 내내
이 별 저 별 넘나드시더니

팔월 선흘 마당에
어머니 당신 치맛자락 같은 부용화
멀쩡한 채 바람에 떨어져 마당에 구르면

나 몰래 조용히 내려와
저고리에 꽂고 다음 별로 가셨습니다

껍질 터짐

가을이면
익어 가던 귤들
몇 놈은 껍질 터집니다
껍질 자람보다
속이 더 빨리 자라는 것이 이유이지요

머리에서 자라난
부정과 미움이
가슴에서 자라는
긍정과 사랑보다 빨라 자라

마침내 터져 버렸습니다

마른 억새

마른 억새
석양에 붉어지더니
때마침 불어오는 바람에 붉게 흔들립니다

온 우주가 붉게 흔들립니다

그 위에 올라탄 나 멀미했습니다

퐁낭

아무도
퐁낭 앞에 서서
함부로 제주의 아픔을 이야기하지 말아라

오래전부터
제주는 온갖 아픔과 서러움을
모두 퐁낭 가지에 걸어 두었다

삼별초의 찢어진 마지막 깃발도
변방에 우짖는 새 이재수의 분노도
4.3의 억울함과 비통함도
한켠 존중받아야 할 민간 신앙도
모두 퐁낭 가지에 알록달록 걸어 두었다

제주에 가거든
아름다운 바다와
숨 쉬는 곶자왈과
끊임없이 변하는 하늘을 본 뒤

풍낭 가지에 걸려 있는 아픔과 서러움도 보아라

마당 한구석
풍낭 가지에 앉아있던 한 마리 까마귀
푸드덕 날아올라 풍낭 가지를 흔들었다

잠시
제주의 아픔이 흔들렸다

* 풍낭: 팽나무의 제주말

참나리 꽃

너
무슨 일 저질렀니?

왜 고개는 떨구고
온몸은 돌돌 말아 웅크리고 있는 거니?

아무리 둘러봐도
네가 사고 친 흔적은 없구나

그럼
겁에 질린 거니?
또다시
그 못된 원님 아들이
너를 겁탈할까 봐 그런 것이니?
너의 "깨끗한 마음"과 "순결"
그것을 지키려고 그렇게 웅크린 것이니?

그래

"이제 괜찮아 내가 있잖니"

오늘부터 너를 그리 부르마

* 옛날 어떤 고을 원님의 못된 아들이 소녀를 겁탈하려고 하자 도망치다 절벽 아래로 떨어진 소녀가 참나리 꽃으로 피어올랐다는 슬픈 전설. 참나리의 꽃말은 "순결", "깨끗한 마음". 새로운 꽃말은 "이제 괜찮아. 내가 있잖니".

억새

저 부드러운 흔들림 앞에
악한 마음이 일어날 수 없습니다

바람 따라 억새처럼 흔들리는
부드러운 마음만 늘 일어난다면

가끔 가슴 밑바닥에서
뻣뻣함과 날카로움이 솟아오르면
뒤돌아보고 소스라치게 놀라지만
저 부드러운 흔들림 밑에는
뻣뻣하고 손도 베일 정도의
날카로운 억새 대가 있었습니다

부드러움을 지키기 위해
뻣뻣함도 날카로움도 있어야 하지만
항상 밑바닥에 가라앉아 있어야 합니다

수국
(꽃말: 변심)

유월의 여왕
일 년 중 절반인
여섯 달을 삼키고 피워 낸다

목백일홍이 담장 밖에 쫓겨나듯
너도 길거리로 쫓겨났구나
덕분에 이맘때쯤
길 지나는 내 눈은 늘 호사한다

보라, 분홍
때론 붉은 치마 속에 감춰진
풍성한 엉덩이를 가진 너를 두고
왜 "변심"이라 비하하는지 모르겠다

내 너를 오늘부터
"풍성한 엉덩이를 흔드는 춤추는 여왕"
이리 불러도 괜찮겠느냐?

아마릴리스
(꽃말: 열정, 눈부신 아름다움)

저 붉은 꽃 아마릴리스는
양치기 소녀 "아마릴리스"가
사랑하는 사내의 눈에 들기 위해
황금 화살로 스스로 가슴을 찔러
흘러내린 피에 물든 것이고
그렇게 얻은 붉디붉은 사랑이다

거부할 수 없는 저 붉은 유혹은
오랜 고행의 수도자를 유혹하는
팜므파탈의 치명적인 붉은 입술이고
저 "눈부신 아름다움"은
중세 어느 귀족 부인의 화려한 외출이다

붉은 저 "열정"은
다 드러낸 배꼽과
약간 살이 오른 허리를 털어 내는 듯한
뇌쇄적인 움직임에 넋 놓은 사내들을
망사 너머 짙은 화장의 눈으로 내려다보는

어느 아라비아 여인의 붉은 춤의 향연이다

오—
아마릴리스여

숑의마(노랑 창포)
(꽃말: 슬픈 소식)

무지개다리 끊어져
하늘로 돌아가지 못한 선녀가
이 세상 꽃이 되어 버렸다는
"슬픈 소식"을 간직한 너

축 늘어져
노랗게 하늘거림은
영락없는 선녀의 속치마인 듯

오월 마당에
노란 선녀들이 하늘거린다
무지개다리 다시 놓이기를 기다리며
노랗게 노랗게 하늘거린다

삼색병꽃
(꽃말: 전설과 비밀)

너는
무슨 "전설과 비밀"을 가졌더냐?

하얀 전설로 피고
분홍으로 익어 가고
붉은 마무리가 비밀이었더냐?

나 또한
하얀 전설로 태어나서
분홍으로 청년이었고
붉게 저물어 가는 황혼이 비밀이지

그 비밀을 꼭꼭 안고 너를 쳐다본다

* 삼색병꽃은 흰색에서 분홍으로 마침내 붉게 변하는 꽃. 순차적으로 피어 세 가지 색의 꽃이 섞인 것처럼 보임.

분꽃
(꽃말: 소심, 수줍음)

"소심"해서인가?
"수줍어서"인가?
해만 뜨면 숨어 버리는구나!

엉큼해서인가?
은밀함을 즐겨서인가?
숨기고 싶은 비밀도 많구나

오후 네 시가 넘어
달이 뜨면 피기 시작하는구나!
덕분에 장독대 옆의 너를 보고
옛날 어머니들은 저녁밥 쌀을 씻으셨다

너를 닮아서인가?
나도 해보다 달이 더 좋다
나도 엉큼한 놈이어서?
나도 은밀한 놈이어서?
나도 숨기고 싶은 비밀이 많은 놈이라서?

그래

다 맞는 말인 거 같다

해서

너를 오늘부터

"비밀이 많아 부끄럽습니다"라고 불러 주마

망종화(금사매)
(꽃말: 비밀, 슬픔을 멈추다)

장미 지고
수국이 피기 전
"비밀"로 가득 찼던 봉오리 터졌습니다

그 "비밀"은
착한 요정들에게는 향기
나쁜 요정들에게는 악취

"비밀"이 터지자
마당 여기저기 돌아다니던
나쁜 요정들이 취해 쓰러졌습니다

마당에 돌아다니던
모든 "슬픔은 멈춰 섰습니다"

마가렛
(꽃말: 사랑을 점치다)

꽃잎 하나 따고
사랑한다
또 꽃잎 하나 따고
사랑하지 않는다

아, 어찌하나?
마지막 꽃잎이
사랑하지 않는다

다시 물어보지 뭐

꽃잎 하나 따고
사랑하지 않는다
또 꽃잎 하나 따고
사랑한다

금계국
(꽃말: 상쾌한 기분)

노란색만 고집하는 이유는
매사 이리저리 흔들리는 나에게
일관성이 무엇인지 가르치기 위함인가?

무더기로 피어 남은
숲에서 혼자 잘난 체하는 나에게
더불어 삶이 무엇인지 가르치기 위함인가?

너를 두고
"상쾌한 기분"이라 함이
틀린 말이 아니지만
내 너를 오늘부터
한 번은 "줏대 있는 고집불통"
또 한 번은 "더불어의 지혜"라 부르리라

詩마당

앞
마
당

지금 내가

사랑은
무작정 풍덩 뛰어드는 게 아니다

사랑은
무작정 가까이서 조용히 지켜보는 것이다

지금
지금 내가 그러하다

세 사람

최후의 심판 날
하느님 옆에는
그들의 생전 어머님들이 같이 앉아 있었다

첫 번째,
하느님이 물었다
"나와 네 어머니가 같이 물에 빠졌다
누구를 먼저 구할 것이냐?"
한참을 머뭇거리다
자신 없는 말투로 "하느님이요"
연옥으로 보내졌다
아직까지 연옥에서 헷갈린다
"내가 왜 여기 있지?"

두 번째,
똑같이 물었다
한 치의 망설임 없이
"할렐루야! 하느님이요!"

하느님이 자기 앞으로 오라 불렀다
"이런 썩을 놈!" 발로 차 버렸다
지옥으로

세 번째,
똑같이 물었다
망설임 없이 "어머님이요!"
그래, 넌 이리 와 네 어머니 옆에 있어라

서예

벼루에 물을 붓고
온 정성으로 먹을 갈았습니다

갈려 나온 것은
새까만 인내와 고통들

잘 펼친 한지 위에
한지처럼 순해진 가슴 위에

인내를 꾹 눌러 한 획
고통을 한 번에 휘둘러 한 획

수수께끼 그 첫 번째

시간은
난제 중의 난제
도무지 다스릴 방법이 없다
그 무엇도 감히 맞설 수 없다

시간은
해결책 중의 해결책
지나버리면 모든 것이 다스려진다
맞서지 않고 너를 올라탐이 현명할 듯싶구나

수수께끼 그 두 번째

진정 겸손은
겸손을 부리는 것이 왠지 쑥스러워
시선은 어디에 둘지 몰라 쩔쩔매고
부끄러워 두 손은 괜히 만지작거린다

거짓, 교만은
그 뻔뻔해진 교만으로
눈에는 힘이 잔뜩 들어 있고
두 손의 움직임은 터무니없이 크다

정녕 문제는
<u>스스로도 속이는</u>
겸손 뒤에 숨은 교만이다

수수께끼 그 세 번째

"용서"
이 두 글자를 써 놓고
연필을 놓아야 했다
너무 어려운 말을
감당할 수 없는 말을
감히 끄집어냈기 때문이다

"용서"
마음을 가다듬고
차분히 되새기며 다시 쓴다
아마도
마음 수행의 최정점에서
풀어내야 하는 수수께끼일지도

너무 쉽다
마음 한 번 고쳐 쓰는 게 다다
너무 어렵다
마음 한 번 고쳐 쓰면 되는 일인데

수수께끼 그 네 번째

부모와 자식 간의 사랑 외는
다 한 번씩 돌아봐야 할 것 같다

하느님에 대한 사랑 뒤에
천국이라는 보상이 붙어 있지 않았던가?
그랬다면 그건 사랑이 아니라 협상이다

은근히 교회에서
협상을 가르치고 있지 않았는지?
내 머릿속에 내 스스로 그린
하느님이라는, 천국이라는 환상을 지워야
비로소 사랑에 다가갈 수 있을 듯

상대를 내 중심에 두고
내 손에 든 거울에 비춰 보는 게 아니라
나를 상대의 중심에 두고
상대가 든 거울 속에 내가 들어갈 때
그때 비로소 사랑인 듯

수수께끼 그 다섯 번째

한라산 정도는
하루에 수십 번도 오르내린다
조천 앞 바닷물쯤이야
한꺼번에 다 마셔 버릴 수 있다
밤하늘 저 별들은
별사탕 되어 내 주머니 속에 있다

이 모든 것
까짓것 마음만 먹으면

그리 마음먹어도
십 센티 깊이도 되지 않는
네 마음속은 도대체 알 수 없다

순환

순환 1.

저 꽃은
원래 詩였다

세상의 모든
아름다움과 슬픔을
언어로 녹인 詩였다

마당에 뿌린 詩가
꽃으로 피어오른 것이다

순환 2.

이 비는
원래 계곡을 흐르던
슬픈 노래의 눈물이었다

구름 되어 오르더니
저희끼리 부딪쳐 비로 떨어진 것이다

계곡을 굽이돌던
그 슬픈 노래의 눈물이
오늘 내리는 이 비다

순환 3.

우리 본모습은
원래 흩어졌던 영혼들이었다

꽃과 비로,
바람으로 떠돌던 작은 영혼들이
한데 엉켜 제법 크게 뭉쳐졌다

그 뭉친 영혼들이

오늘 각자 우리다
때 되면 다시 흩어지는…

괜한 걱정

늘 궁금했다
비 오면 새들은 어디로 숨는지

돌담 너머
장끼 한 마리
그대로 비를 맞고
아무렇지도 않은 듯
퐁낭 가지에 앉은 새들도
여전히 울어 지저귄다

아—
괜한 걱정이었다

저절로

애쓰지 마라
길가 민들레도
저절로 피고 저절로 진다

태어남이
스스로 의지 아니었고
죽음 앞에서도
스스로 의지 없을 것이다

애쓰지 마라
저절로 피고 지는 민들레처럼
저절로 살다 저절로 가는 것이 아니던가?

본능과 이성

보잘것없지만
너무나 강렬한 본능
버팀목이지만
늘 나약하기만 한 이성

이제껏
몇 번 이겨 본 적이 없다
사실상 본능은 늘 이성을 삼켜 버렸다

아무리 늦더라도
죽음이 닥칠 즈음에는
이성이 본능을 감싸안았으면

울림

큰 항아리에
작은 소리 하나 던져 넣으면
이 벽에서 저 벽으로
저 벽에서 이 벽으로 부딪혀
마침내 크고 풍성한 울림으로 돌아 나옵니다

그대 가슴에
작은 시 하나 던져 넣으면
이 마음에서 저 마음으로
저 마음에서 이 마음으로 부딪혀
마침내 크고 풍성한 감동으로 돌아 나옵니다

아침에 일어나
잘 깎은 연필 하나 항아리에 던져 넣었습니다
이 가슴에서 저 가슴으로
저 가슴에서 이 가슴으로 부딪혀
마침내 한 편의 아름다운 시가 되어
돌아 나왔습니다

무선 노트

연필을 깎고
무선 노트를 펼쳤다
왠지 선에 맞춰 글을 쓰는 것이 싫어서다

무선 노트처럼
아무 생각이 없다

뭐 이대로도 좋다
억지로 마음을 잡아 오면 거짓말이 될 뿐
아무 생각 없음이 또 한 생각이지 않더냐?

말하기와 듣기

입으로 하는 말은
대부분이 거짓이고
눈으로 하는 말은
대부분이 진실이다

귀로 듣는 것은
대부분이 달콤한 거짓이고
가슴으로 듣는 것은
대부분이 탕약 같은 진실이다

무엇으로 말하고
무엇으로 들을 것인가?

연필

온 정성으로 연필을 깎습니다
마음에 눌어붙은 적개심은 깎아 냅니다
마음에 자란 허영이라는 혹도 깎아 냅니다

뭉텅해진 연필심을 갈아 냅니다
스스로 속인 위선도 갈아 내고
방심한 사이 자라난 교만도 갈아 냅니다

이렇게 깎은 연필로 詩를 씁니다

있는 그대로

눈이 그쳤다

바람도 그쳤다

그사이 애기동백은

피지 않은 봉오리만 남기고

바람에 꽃들은 다 날려가 버렸다

바닥에 떨어져 늘려 있었던 꽃잎들마저

다 날려가 버렸다

초라해진 애기동백이지만 지금 그 모습이

있는 그대로인데

나만 애타고 찔끔거리고 있다

예쁜 집도 지어 주고

바닥은 추울까 봐 푹신한 타올도 깔아 주었거늘

이 눈과 바람에 며칠째 고양이는 보이지 않는다

매번 그러했듯이 어느 순간 어슬렁어슬렁 다가와서

내 몸에 제 몸을 비벼 대면서

어쭙잖은 애교를 부릴 것이다

그리곤 어디 갔다 왔는지 왜 갔는지

한마디 말도 없다
그것이 있는 그대로 지가 살아가는 모습인데
나만 애타고 걱정이 태산이다

온갖 위선으로 포장하고 있는 나는
온갖 가식으로 화장하고 있는 나는
눈에 보이는 겉모습이
그게 있는 그대로의 내 모습이 아닌 나는
일시 초라해진 애기동백을 보고
찔끔거리고 있다니 가증스럽지 않은가?
동백아 너는 왜 그렇게 아프냐고
물을 자격이 없지 않은가?
여기저기 제멋대로 돌아다니는 고양이더러
어디로 왜 갔느냐 물을 자격이
없지 않은가?

내가 뒤집어쓰고 있는 껍질을 다 벗어던지고
애기동백처럼, 고양이처럼

있는 그대로의 모습으로 자연의 품에 안기는 날
내 죽는 그날
나는 죽지 않을 것이다

아픔만이 아니다

아픔이 없으니
행복하다 할 수 없다
가슴이 따뜻해지는 시와 노래는
아픔을 삼켜 삭이고 마침내 뱉어 낸 것이다
뱉어 내고 나니 비로소 행복해진 것이다

아픔이 한가득 하니
불행하다 할 수 없다
가슴이 멍해지는 그림은
아픔을 껴안고 뒹굴다 마침내 쏟아 낸 것이다
쏟아 내고 나니 비로소 행복해진 것이다

보라!
하나의 깊은 아픔은
많은 다른 아픔을 치유한다
아픔은 아픔만이 아니기 때문이다

내버려둠

물줄기 바꾸려 삽 들면
흙탕물 일어나듯
내 의지 억지로 섞으면
다른 의지와 흐려진다

억지 부리지 말아라
그대로 내버려둠이
가장 적극적인 간섭이다

고통

한동안 고통이 없었다
그저 멍하니 살았단 말이다
낮은 가치에 몰두할 동안
고통은 저만치 달아나 버렸다

비 오는 오늘
낮은 기압과 같이
잊혔던 고통이 조용히 내려앉는다

별거 아니다

모든 생각들
스스로 세우고
스스로 구속되고
스스로 혼란에 빠졌다

혼란 속에서
답을 찾으려 해 보지만
원래가 없는 답인데 어쩌랴?

밀려오는 파도처럼
불어 대는 바람처럼
피고 지는 꽃들처럼

별거 아니다
그냥 그들 중에 하나일 뿐

뒷마당

겨울비

마른 가지에
하얗게 매화가
하얗게 애처로움이 피었습니다

눈 속에
피고 지는 붉은 동백
피고 지는 붉은 가슴

며칠째 내리는 겨울비
하얀 애처로움도, 붉은 가슴도
결코, 씻겨 내려가지 않습니다

고추잠자리

가을이 급했나 봅니다
칠월인데 벌써 날아왔습니다

예측 없는 비행
휙 날아 멈추고 위로 휙
휙 날아 멈추고 아래로 휙
어지러워 눈을 감았습니다

가을이 끝나면
불과 몇 그램의 작은 몸으로
천 개의 알을 낳고 생을 접습니다

장난삼아서도 잡지 마세요
경이롭고 경이로운 생명입니다

극제비갈매기와 어머니

쉬지 않고,
먹지 않고, 자지도 않고
북극에서 남극까지
칠만 킬로미터를 날아갑니다

본능이 시키는 대로
묻지도 따지지도 않고
때 되면 그냥 줄지어 날아갑니다

평생 어머니도
묻지도 따지지도 않고
아침저녁으로 꿇어 기도하셨습니다
그리곤 다음 별로 여행을 떠나셨습니다

흑꼬리도요

불과 사백 그램의 흑꼬리도요는
일만이천 킬로미터를
열하루 동안
한 번도 쉬지 않고
한숨도 자지 않고
하나도 먹지 않고 날아갑니다

운이 나쁘면
이 잔인한 열하루 동안
태풍 속을 날아야 하고
천둥 번개를 피해 날아야 하고
쏟아지는 비도 맞고 날아야 합니다

이 지독한 본능
이 잔인한 본능 앞에
아, 무슨 말을 어떻게

신은

참 지독합니다

바다가 나에게

바위에 걸터앉아
멍하니 바다를 보고 있었다
그런 나에게 바다가 말을 걸어 왔다

"너 보기에
내 지금 평온해 보이느냐?
내 속은 말이다
엄청 복잡한 또 다른 세상이란다
너 아무 말 없이
가만히 나를 쳐다보고 있지만
너도 나처럼 너 속마음엔
쓸쓸함과 외로움과 사랑의 갈등이 꿈틀거리고
바람이 불 때면 일렁거리고 있단 걸 잘 안단다
하지만 뒤엎지 마라
가만히 덮어 두고 성숙시켜라
그럼 나처럼 평온해질 것이다"

바위에서 일어나

바다를 등지고 걸어 나왔다

내가 바다에게

오늘은 내가 할 말이 있어
어제 그 바위에 걸터앉았다

"오늘은 네가 조금 불편한 듯싶구나
어제 나더러 뒤엎지 말고
덮어 두라 하지 않았더냐?
그런데 너 속을 뒤집어 파도로 일어났구나
바다 끝 모래 바닥을 사납게 긁어 대고
끊임없이 바위에 부딪혀 보지만
결국은 너만 깨어지지 않더냐?

그래
아무리 꼭꼭 숨겨 덮어 두어도
아무리 깊이 묻어 덮어 두어도
이렇게 다 들통나지 않더냐?

아무리 내 마음을
꼭꼭 숨기고 묻고 덮어 감추어도

수천 개 작은 얼굴 근육들의 묘한 조합으로
떠져 있는 두 눈으로 다 새어 나오지 않더냐?

묻어 두고 덮어 두고
숙성시키고 성숙시켜야 함이 옳은 일이나
이렇게 들통나고 다 새어 나오면
그대로 솔직히 받아들이는 것
그 또한 성숙된 한 모습인 듯싶구나"

바위에서 일어나
바다를 등지고 걸어 나왔다

바다 한 잔

소주잔 들어
수평선에 맞추었다

바다를 한 잔
한꺼번에 탁 털어 넣었다

캬아—

가슴을 들어
수평선에 맞추었다

바다가 한가득
한꺼번에 다 마셔 버렸다

캬아—
비몽사몽

우리 아버지들의 약속

모레
경주장에서 보자

몇 시에
무엇 때문에
장터 어디에서,

이런 거 없다
이거 대책 없는 것일까?

우린 오래전에
이런 여유를 잃어버렸다

우리 아버지들은 이렇게 만나서
피자가 아닌 파전에
맥주가 아닌 막걸리에 거나하게 취해선
휘청휘청 집으로 잘도 돌아오셨다

별 여행 예약

예약자: 朝天에 사는 朝川
예약일: 2024년 6월 26일
출발일: 나도 몰라 너도 몰라 아무도 몰라
예약코스: 선흘 코스
특약: 환불 예약취소 절대 불가

예전에 선흘 마당에
"모네"의 "수련 연못"을 그리고 싶어
그림 속 일본식 다리를 만들었습니다
선흘교라 이름 지었지요
오늘 그 선흘교 앞에 문을 만들어 세우고
선흘문이라 이름 지었습니다
그리곤 곧바로 별 여행 예약서에 도장 찍었습니다

언젠가
별 여행 떠나는 날
지금처럼 마당은 온통 꽃으로 뒤덮이고
하루가 끝나가는 붉은 서쪽 하늘 너머로

바람이 불어 가는 초저녁 때이면 좋겠습니다

그때
내 작은 여행 가방에
내 시집 한 권
즐겨 쓰던 무선 노트 한 권
잘 깎은 연필 세 자루가 들어 있었으면 합니다

마당으로 내려서
잔디로 새겨 둔 "LIFE IS JUST A DREAM"을
마지막으로 소리 내어 읽고
선흘문을 지나 선흘교를 건너
기다리던 바람과 같이 떠날 것입니다

그날
화환은 정중히 사양하겠습니다
마당이 온통 꽃일 테니까요

사나운 바람 착한 바람

언젠가
이 별을 다시 찾아올 때는
바람으로 돌아오겠습니다
꽃들을 흔드는 사나운 바람이 아닌
부는 듯 마는 듯한 착한 바람으로 말입니다

사나운 바람이
마당을 지나고 있습니다

목백일홍은 붉게 활짝 피고
꽃에 가려 잎들이 보이지 않았는데
사나운 바람에 잎들이 다 드러났습니다
내 안타까움과 원망도 다 드러났습니다

매년 이때쯤 찾아오시는
어머니를 기다리던 부용화
이제 막 피기 시작했는데,
겨우 두 송이 피었는데,

사나운 바람에 날려가 버렸습니다

언젠가
이 별을 다시 찾아올 때는
꽃들에게 사나운 바람이 아닌
아주 천천히 구름을 옮기는 바람
민들레 홀씨를 옮기는 정도의 바람
부는 듯 마는 듯한 착한 바람으로 돌아오겠습니다

숲이 곧 詩

숲은
스스로
그대로 한 편의 詩다
애써 숲을 詩로 쓰려 할 필요 없다

어두워진 숲에 초승달이 뜨고
초승달 머리 위에 별 하나 붙으면
그것으로 한 편의 詩가 아니더냐?

가을 숲의 밤공기를
풀벌레들이 울어 갈라놓으면
갈등과 미움도 갈라져 나간다
그것으로 또 한 편의 詩가 아니더냐?

섞이고 싶은 밤

아침엔
빗소리가 바람 소리에 섞이더니

낮엔
해무에 바다가 하늘에 섞여 올랐습니다

밤엔
별빛에 섞이고 싶지만
오늘 밤은 별들이 숨어 버린 밤

누구 별빛이 되어 줄 사람
어디 없소?

고양이 눈 속에 들어간 우주

저놈
저놈이 우주다
저놈이 나를 올려다보는 눈빛은
우주가 나를 내려다보는 눈빛과 같다

나만 갈팡질팡
나만 죽음 다음이 궁금할 뿐
저놈은 궁금한 게 하나도 없다
나만 여기 치이고 저기 받히지
저놈은 만사에 걸림이라고는 없다

저놈
저놈은 무심하다
우주 또한 무심하다

햇볕 따스한 마루에 앉아
제 발 핥고 있는 저놈이 우주다

우주야

이리 와서 밥 먹어라

그림자 마음

나는
하나의 몸과
하나같은 두 개의 마음을 가지고 있습니다

첫 번째 마음이 일어나면
결정을 내리고 순순히 따라갑니다
그 결정은 대체로 스스럼없지만
그렇다고 갈등이 없는 것은 아닙니다

그렇게 갈등이 계속되던 날
어느 날 아침에 눈 떴을 때
갑자기 번쩍하는 마음이 일어납니다
첫 번째 마음을 늘 따라다니던
두 번째 마음이 일어난 것입니다
그 두 번째 마음은 대체로 옳았습니다

그 두 번째 마음을

나는 그림자 마음이라 합니다
지금 그림자 마음을 따라갑니다

이야기책

바다는
귀가 천 개입니다
누구 이야기도
어떤 이야기도 다 듣습니다

바다는
입이 없습니다
누구 이야기도
어떤 이야기에도 입 닫습니다

저 바다 밑에는
수천 권의 이야기책이 가라앉아 있습니다

당신인 줄 알았습니다

못 보던 새가
부용화 꽃 위에 한참 머물면
당신인 줄 알았습니다

한 점 구름이
마당 위에 낮게 떠 머물면
당신인 줄 알았습니다

어머니 당신은
가끔 그렇게 찾아오십니다

무게

이제
다리에 힘 빠졌으니
어깨 위에 올려 두었던 거 내려놓아도 좋습니다
저절로 쌓이기도 했지만
내 뜻대로 쌓아 올린 게 대부분입니다
저절로 떨어져 내리는 것은 거의 없습니다
다 내 뜻대로 내려놓아야 할 무게들입니다

이제
양손의 힘이 빠졌으니
쥐고 있던 거 놓아도 좋습니다
저절로 쥐어졌던 것은 하나도 없습니다
애초에 비어 있었던 손에
전부 내 욕심으로 쥐었습니다
저절로 놓이는 것은 거의 없습니다
다 내 뜻대로 내려놓아야 할 무게들입니다

밀려감

창문을 열었습니다
방 안 나지막이 깔렸던 음악은
귤꽃 향기에 밀려 창문턱을 넘었습니다

어둠이 새벽에 밀려났습니다
어둠 뒤에 붙어 있던 새벽안개는
개 짖는 소리에 밀려 돌담을 넘었습니다

아등바등 버텨 보지만
세월에 밀려 거의 끝자락으로 달립니다
그 끝자락이 새로운 시작이길 빌면서
밀리고 밀리고 또 밀려갑니다

부질없는 생각

만약
세상 모든 화산이
한꺼번에 터져 올라
시뻘건 용암이 세상을 덮어 버리면

그간의
모든 문명은
깨끗이 사라질 것이고
바다는 끓어올라
모든 고기들이 허옇게 배를 드러낼 것입니다

이 와중에
걱정거리가 하나 생깁니다
날아오른 새들은 어찌하나?
영원히 내려앉을 수 없는 새들은 어찌하나?

비밀 창고

누구나
부끄러워 숨길 곳이 필요한
비밀 창고 하나쯤은 가지고 있습니다

내 비밀 창고는
구름 뒤에 두었습니다

때 되면
비와 같이 내려와
골짜기 흘러 강 따라 바다에 이르고
마침내 바다 깊숙이 가라앉아 또 아무도 모릅니다

며칠 전
부끄러움 하나
구름 뒤에 올려 보냈습니다

여과지

머리에서 생겨난 것들
입까지 내려오는 사이
이성이라는 여과지에 걸러집니다

가슴에서 생겨난 것들
입까지 올라오는 사이
감성이라는 여과지에 걸러집니다

가끔 여과지 찢어진 줄 모르고
걸러지지 않은 것들이 새어 나오면
그것은 여지없이 사고로 이어지곤 했습니다
그리곤 며칠을 미친 듯 제 머리 쥐어뜯었습니다

매일 아침 눈뜨면 기도
저녁 잠자리 드시기 전에 기도
어머니는 평생 기도라는 여과지로 거르셨습니다

그리곤 천사가 되어 오르셨습니다

텃
밭

텃
밭

선물

우린
벼랑 끝에 피어 있는
작은 들꽃처럼 늘 외로운 존재
바람에 흔들거리는 억새처럼
늘 그리움에 흔들거리는 존재

외로움도 그리움도
잘만 사귀면 좋은 친구입니다

가슴에 파고드는 시
머리가 멍해지는 그림
조용히 눈 감게 하는 음악
외로움과 그리움
그들이 만들어 주는 선물입니다

안 되겠습니까?

다음 생으로 가는 길은
홀로 맨손이어야 하지만

시집 한 권
노트 한 권
연필 한 자루
이 정도는 안 되겠습니까?

사랑하는 사람에 대한
못다 한 미안함도 가져가면 안 되겠습니까?

오랜 시간의 착각들과
어리석은 미련들은 두고 가겠지만
이 정도만은 어떻게 안 되겠습니까?

악덕 중매인

마음 안에 있는
천국을 끄집어내지 마세요
하늘 위에다 왕궁을 짓지도 마세요

마음 안에 있는
지옥을 끄집어내지 마세요
땅 밑에다 불집을 짓지도 마세요

하늘 위에 천사들이 나팔 부는 왕궁
땅 밑 뱀들이 우글거리는 불타는 지옥
그 왕궁 그 불집은 다 무허가 건축물입니다

그 왕궁으로 유혹하는 중매인
그 불집으로 겁박하는 중매인
유치하고도 사악한 악덕 중매인

그들 중매인
절대로 천국에 들 수 없습니다

열리지 않는 문

양쪽 옆으로 밀어 여는 문이었다
옆으로 밀어 열었다
똑같은 문이 나타났다
또 열었다
또 나타났다
아등바등하다 번쩍 눈을 떴다
꿈이었다

잠은 깼지만
다시 눈을 감고 곰곰이 생각한다
이게 무엇이지?
이 꿈은 나의 어떤 잠재의식이지?

용서의 문
아무리 용서하려 애써 보지만
미움은 커다란 바위처럼 끄떡도 없다

버림의 문

아무리 버리려 애썼지만
선입견과 편견은 아주 조금만 움찔했을 뿐

망각의 문
부끄러웠던 말과 행위와 생각들
도깨비풀처럼 붙어 떨어지지 않는다

그 외
수도 없이 많은 열어야 하는 문들

엉뚱한 붙잡음

정작
손에 움켜잡아야 할 것은 놓치고
엉뚱하고 쓸데없는 잡것들을 움켜쥐고 있다

지금 손에 잡은 것은
편해서 놓기 싫은 것이고
정작 잡아야 할 것은
우선 불편하고 힘들어서
억지로 외면하고 있는 것은 아닌지

원칙과 융통

원칙
세상의 기준
그러나 세상을 경직시키기도 한다

융통
세상의 여유
그러나 세상을 혼돈에 빠지게도 한다

어설프게 세운 원칙은 숨이 막히지만
잘 이해한 원칙이 부리는 융통은
각박한 세상의 조미료 같은 것
한 차원 높은 삶의 방향타 같은 것

이게 어디 예사로운 일인가?

오늘도
바다에서 솟은 해
바다 밑으로 가라앉는다

올해도
민들레는 아무 데서나 노랗고
달맞이꽃은 해가 부끄러워 숨는다

이게 어디 예사로운 일인가?
우주의 질서 톱니바퀴가
한 치의 오차도 없이 맞물려야만 가능하다

못된 인간이
아무런 권리도 없으면서
이 질서의 톱니바퀴 사이에
온갖 잡다한 것을 끼워 넣었다
여기저기에서 덜그럭거린다

아직은

겨울 지나면 봄이 오지만

꽃들이 피는 순서를 잊어버린 지 오래다

아직은

봄과 여름의 경계가 어렴풋하지만

그 경계도 금방 지워져 버릴 것이다

그래 봤자

기껏 또 한 번의 빙하기로

모든 것은 얼음 밑으로 묻히고

깨끗하게 초기화되어 버리겠지!

수억 년 뒤

새로운 지능 높은 생명체가

얼음 밑에서 드러난 지금의 문명을 두고

알아들을 수 없는 그들의 말로 논쟁하고 있겠지!

인디언의 이름

내 이름에
굳이 뜻을 붙일 수 있으나 궁색하다
나를 본 적이 없는 사람은
내 이름만으로 나를 연상할 수 없다

그 잘난 서양 사람들
뭐 "목수", "양복쟁이"
참 웃겨도 한참 웃긴다
이 이름으로도
한 번도 본 적 없는 사람 연상이 안 된다

그나마 일본 사람들은 좀 낫다
산 밑에 산다고 하니 "山下(야마시타)"라 했고
밭 가운데 산다고 하니 "田中(다나카)"라 했다
하지만 이 이름으로도
한 번도 본 적 없는 사람 연상은 역시 불가능하다

아메리카 인디언

자연에 절대 맞서지 않은 종족
세상에서 가장 아름답고
시적인 이름을 가진 사람들
성 같은 건 필요 없었다
모든 생명체를 가족이라 생각했기 때문에

"빗속을 걷다"
"머릿속의 바람"
"주먹 쥐고 일어서"
"늑대와 함께 춤을"
이런 이름만으로 충분히 연상된다
이렇게 아름다운 시적인 이름을
얼굴 하얀 상놈들이 "존"이다 "제임스"다
아무 의미 없는 싱거운 이름으로 바꾸어 버렸다

위엄

동쪽 바다에서
솟아오르는 시뻘건 위엄

나는
짧은 여름밤
아주 잠깐 반짝이다
순간 없어져 버리는 반딧불

아주 맑은 날
추자도 내려다보는
한라산의 저 당당한 위엄

나는
한라산 능선을 타고 내려오다
바다 끝에 이르러 살짝 오른 작은 오름
아무나 다 덤벼 오르는 만만한 초라한 오름

주체와 객체

착각했다
내가 주체인 줄

객체라 여겼던 별들을
내 주체 안으로 끌어들여 밝히려 했다
객체라 여겼던 바람을
내 주체 안에 끌어들여 불게 했다
객체라 여겼던 꽃들의 피고 짐을
내 주체 안에 끌어들여 눈물을 찔끔거렸다

정신 차린 이제
객체인 내가 주체인 이들에게
겸허히 다가갈 때다
내가 詩를 노래하는 것이 아니라
詩가 나를 노래하고 있었던 것이다

철학과 선학

논리는 명쾌하지만
비논리는 흐릿하다
그러나 논리의 종착역에는
늘 비논리가 떡하니 버티고 있다

산은 산이고 물은 물이다
어쩌란 말이냐?
그런데
코웃음 치고 갔던 길 다시 돌려세운다

철학이 머리 싸매고
어려운 문제를
어려운 말로밖에 할 수 없을 때

선학은 얼토당토않은 말 한마디 던지고
팔짱 끼고 한바탕 허허 웃더니
도포 자락 한 번 휙 걷어 올리고는
유유히 가던 길 가 버렸다

칠십 년의 착각

칠백 년일 줄 알았는데
어느 순간 뒤돌아보았더니
고작 칠 일간의 짧은 꿈이었습니다

스스로
그렇게 속이고
그렇게 속아 살아왔습니다

칠 일간의 짧은 꿈이었는데도
아직 칠백 년 남은 줄 알고 있습니다

푸딩이

참 이상한 일이다
금방 온다 했는데…
여태 이런 적이 없었는데…

마을을 몇 바퀴 돌아보아도
마을회관을 몇 번이나 들러 보아도
할비가 보이지 않는다
할미도 보이지 않는다
가끔 생선조각 하나 휙 던져 주고
부엌으로 들어가던 엄마도 보이지 않는다
조금만 올려다보면
내 눈높이와 맞았던 친구도 보이지 않는다

이게 대체 무슨 일인가?
갑자기 한꺼번에 다 보이지 않는다니

며칠 전

무안 쪽에서 쿵 하는 큰 소리가 들렸는데…

* 제주항공 사고로 홀로 남은 반려견 푸딩이

행복 상자

행복 상자에
온 세상을 다 담을 수는 없다
또 그럴 필요도 당연히 없다
세상 아주 작은 조각들로
잠시 빌려 채울 수 있으면
그것으로 충분하다

늘 쳐다보던
한라산을 오늘도 볼 수 있고
늘 내려다보던
서우봉 옆 바다를 오늘도 볼 수 있고
늘 부드럽던 바람
오늘도 내 머릿결 어루만지면
그것으로 충분하다

지금이 그때다
더 이상 다른 마음
일어나게 하지 마소서

별사탕과 솜사탕

새벽하늘
별들이 떴습니다
설탕을 확 뿌렸더니
발아래 별사탕이 후드득!!

새벽하늘
듬성듬성 뭉게구름
설탕을 확 뿌리고는
나무젓가락으로 둘둘 말았습니다

별사탕 하나 깨물어 삼키고
솜사탕 한입 베어 물었더니

내 배 속에 별들이 떴습니다
내 배 속에 구름이 둥둥 합니다

돌아올 나

나를
잃어버렸습니다

오일장에서 사 온
백합 뿌리 마당에 심을 때
같이 묻어 버렸을지 모릅니다

조천 바다 위에 띄워 두었는데
서풍이 몹시 불던 어느 날
성산 앞바다로 흘러가 버렸나 봅니다

맑은 날 밤
초승달 옆에 붙여 두었는데
먹구름에 가려 버렸나 봅니다

이른 아침 장미 꽃망울에
이슬로 구르고 있었는데
땡볕에 말라 버렸나 봅니다

백합 뿌리가 땅을 뚫고 나올 때
다시 동풍이 불어올 때
바람이 먹구름을 걷어 낼 때
장미 꽃망울이 활짝 피어날 때

잃어버렸던 나를
애타게 찾아다니지 않아도
저절로 다시 돌아올 거라 믿습니다

죽음이란

죽음 이전에는
내 아직 살아 있어 나쁘지 않다

죽음 이후에는
내 이미 없어 그 또한 나쁘지 않다

다만
죽음을 바로 눈앞에 둔
짧은 그 시간을 미리 걱정함만이 나쁘다

기다림

잘 흐르던 개울물이
웅덩이를 만나면 갇히듯
줄줄 흐르던 詩가
고약한 마음을 만나면 갇힌다

큰 삽으로
한 번에 둑 허물면
詩는 흐르지 않고
허탕 물인 헛말만 쏟아질 뿐이다

할 수 없다
기다릴 수밖에
개울물이 더 흘러들어
자연스레 둑을 넘어 흐를 때까지
넘쳐흐른 물이 시가 되어 흐를 때까지

오늘 알았습니다

왜 네 앞에 서면
괜히 눈물이 날 것 같았는지
오늘에야 그 이유를 알았습니다

내 외로움
내 슬픔과 고뇌들을
바람 불고 파도치는 날
갯바위 위에 서서 던진 것이
고스란히 밑바닥에 가라앉아 있었던 거구나

다시
바람 불고 파도치는 날이면
수면 위로 밀려 올라와
파도에 밀려 내 발아래까지 밀려오면
두 손으로 들어 올리고 그 위에
내 눈물이 떨어지면
눈물과 같이 하늘로 올라 구름 뒤에 숨습니다

어느 날
비와 함께 다시 내려와
계곡 흘러 강 흘러 바다에 이르면
다시 바다 깊숙이 가라앉아 아무도 모릅니다

하얀 사선

천천히 내리는 저 눈이
비스듬히 사선을 그리는 것은
눈에 보이지 않는 바람이 밀기 때문입니다

보이는 것은 비스듬한 눈뿐이지만
그 사선의 원인은 보이지 않는 바람입니다
눈에 보이지 않는 그 바람은 분명 실체입니다

세상사
직선으로 내리는 눈 같은 건 없습니다

하얀 숲은
하얗게 사선으로 갈라지고 있습니다

MEA CULPA!

이제
무서울 것이 없어야 할 터인데
새로운 두려움이 하나 생겼습니다

내 詩가 던져지고 난 다음에
어떤 연유로 나를 다스리지 못해
내 詩가 거짓이 되어 버리고서는
삐죽 솟은 내 마음에 내가 다치고 나서는

돌아서
혼자 주먹으로 가슴을 칩니다
MEA CULPA!
MEA CULPA!
MEA MAXIMA CULPA!!

꽃마당 詩마당

ⓒ 김형태, 2025

초판 1쇄 발행 2025년 4월 11일

지은이	김형태
펴낸이	이기봉
편집	좋은땅 편집팀
펴낸곳	도서출판 좋은땅
주소	서울특별시 마포구 양화로12길 26 지월드빌딩 (서교동 395-7)
전화	02)374-8616~7
팩스	02)374-8614
이메일	gworldbook@naver.com
홈페이지	www.g-world.co.kr

ISBN 979-11-388-4143-6 (03810)

- 가격은 뒤표지에 있습니다.
- 이 책은 저작권법에 의하여 보호를 받는 저작물이므로 무단 전재와 복제를 금합니다.
- 파본은 구입하신 서점에서 교환해 드립니다.